Elisa Maddonni

Il Marketing dei

Prodotti

Ortofrutticoli

A Beatrice e Francesco

loro sono il mio presente,

il nostro futuro.

First Printing: 2018

ISBN 978-0-244-97420-6

Indice dei contenuti

INTRODUZIONE

Nel tempo il marketing ha subito un'inversione degli obiettivi, in particolare negli anni '90 si è passati da una logica product-oriented ad una customer-oriented. Mentre prima si puntava all'accrescimento della posizione di mercato volta al raggiungimento di quella desiderata, ora si ricerca la soddisfazione e la fidelizzazione del cliente. Tale inversione di obiettivi si riflette in tutto il sistema aziendale.

La produzione passa da un sistema push ad un sistema pull, la promozione diventa personalizzata anziché di massa, i nuovi prodotti vengono realizzati secondo le direttive del cliente e non più dell'azienda, i parametri di controllo sull'andamento dell'attività d'impresa prima si basavano sulle quote di mercato e di conseguenza sul profitto ora sulla continuità e valore delle relazioni, la strategia che una volta aveva come primario obiettivo di vendere ai principali segmenti di clientela ora diventa l'aggiungere valore al rapporto con i singoli clienti attraverso interazioni personalizzate, i valori aziendali si sono specializzati prima erano basati semplicemente sul corretto servizio verso i clienti ora sulla differenziazione e personalizzazione del servizio ai clienti. Ora vi sono sistemi di gestione e strumenti di supporto al marketing estesi, dinamici e flessibili,a differenza del passato in cui i sistemi rappresentavano decisioni dettagliate e segmentate ma relativamente statiche. Tutti questi cambiamenti hanno modificato il ruolo del marketing indirizzandolo verso una dimensione relazionale tesa alla fidelizzazione del cliente.

Si analizzeranno le varie tecniche e le loro discriminati sia positive che negative attraverso le quali ottenere la fidelizzazione del cliente. Tecniche molto diffuse e variegate: dalla carta fedeltà ai siti internet, passando tra le più diffuse raccolte punti, il telemarketing, l'sms marketing, il direct mailing e il micromarketing alla cassa.

Infine, in particolare si sono analizzati nel mercato dell'ortofrutta due casi aziendali. Un caso molto eclatante "Melinda", che è l'unica in Italia ad aver ottenuto il riconoscimento D.O.P, conferito a solo circa 20 produzioni tipiche di frutta fresca in Europa. Inoltre l'azienda ha realizzato ottimi concorsi a premi, programmi fedeltà e campagne pubblicitarie. Ed il caso "Rosaria", una realtà impreditoriale locale, siciliana, che ha investito molto nella campagna promozionale, grazie alla quale per la prima volta si è dato un nome, una voce ed un volto all'arancia rossa siciliana. In entrambi i casi sono stati creati brand che, come elementi distintivi , hanno raggiunto lo scopo di differenziare e rendere identificabili questi prodotti conferendogli una caratteristica di unicità agli occhi dei consumatori.

Capitolo I

La fidelizzazione del cliente: dal marketing al marketing relazionale

1.1 Storia ed evoluzione del Marketing.

Il marketing "moderno" nasce agli inizi del XX secolo, negli Stati Uniti, dall'esigenza di gestire e promuovere la vendita di beni di consumo. Infatti nel 1880 il simbolo "TM" compare negli Stati Uniti come marchio registrato, nel 1905 L'università della Pennsylvania attiva un corso di marketing del prodotto e successivamente nel 1908 apre la Hanvard Business School. Ma è dalla prima guerra mondiale che le ricerche in campo militare riversano le prime tecnologie sul mercato civile ed al servizio delle imprese, facendo un grande passo avanti nel mondo della comunicazione verticale verso il consumatore. Dal 1920 al 1949, emergono tre fondamentali strumenti: 1922 la radio inizia a trasmettere le prime pubblicità, nel 1933 già metà della popolazione americana ha una radio nelle proprie case. Nel 1941 la TV inizia a trasmettere le prime comunicazioni commerciali (bulova orologi). Nel 1946 il telefono ha una penetrazione del 50% . Agli inizi degli anni '50 La domanda dal mercato è abbastanza carica, molto chiara e uniforme, il marketing di tipo operativo asseconda il desiderio della popolazione di soddisfare i bisogni auto-realizzazione. Quindi, solamente dopo la seconda metà del secolo il concetto di marketing si sviluppa e si concettualizza in maniera organica divenendo disciplina vera e propria. Fino a quel periodo il marketing era di tipo operativo (tattico e non strategico), veniva considerato "disciplina" a supporto della produzione, per la gestione delle risorse umane e fondamentalmente lo scopo era esplicitare le richieste della popolazione. La soddisfazione del cliente e fidelizzazione non erano requisiti incidenti.

Intorno agli anni '70 si passa al marketing strategico per rispondere così alle esigenze di un mercato sempre più complesso, e puntando maggiormente l'accento anche sui processi di formulazione strategica e della struttura organizzativa delle imprese. Il marketing strategico si concretizza in un processo di analisi, pianificazione, realizzazione e controllo delle decisioni riguardanti il prodotto,il prezzo, la promozione ,la comunicazione e che non perda di vista il ROI (return of investment). Questo processo di analisi della strategia di marketing (o marketing strategico), intende raggruppare un insieme ordinato di decisioni atte a fissare gli obiettivi fondamentali da conseguire e permette di individuare i segmenti di mercato (target) ai quali ci si vuole prevalentemente rivolgere per formulare i contenuti dell'offerta ricorrendo al marketing mix.

Il marketing mix tiene conto delle variabili del modello delle 4P (Product, Price, Place, Promotion) ma non della variabile "cliente", che viene percepita solo come obiettivo. Infatti prima di valorizzare il cliente il marketing ha puntato la sua attenzione su vari aspetti,quali ad esempio, agli inizi sulla pubblicità e promozione. Bisogna però specificare che la singola strategia di marketing non la si può sviluppare autonomamente, ma deve essere orientata alla strategia generale aziendale.

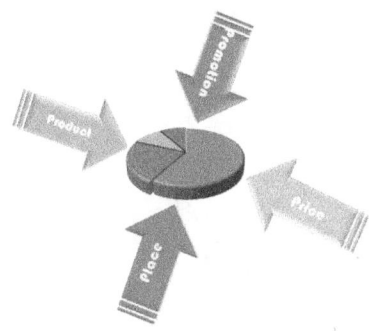

Si investono grandi quantità di denaro in tecniche di pubblicità e promozione, ma il vantaggio competitivo ottenuto viene annullato in breve tempo a causa dell'imitazione dei concorrenti. In seguito matura la necessita di spostare l'attenzione al compiacimento del cliente : i dipendenti devono essere cordiali, il punto vendita(layout, arredamento, atmosfera) più accogliente e amichevole, ma anche in questo caso dopo breve tempo i concorrenti riescono ad imitare con facilità ed il vantaggio viene perso.

Ancora una volta si deve cercare un nuovo modo per superare i concorrenti, ci si riprova con l'innovazione. Si cerca di stupire il cliente con prodotti sempre migliori e che riescano a soddisfare svariati bisogni. Ma il successo di questi prodotti innovativi è limitato nel tempo perché anziché favorire un orientamento alla continua innovazione si favorisce la diffusione di prodotti imitativi, che basavano il loro successo su differenziazione e comunicazione.

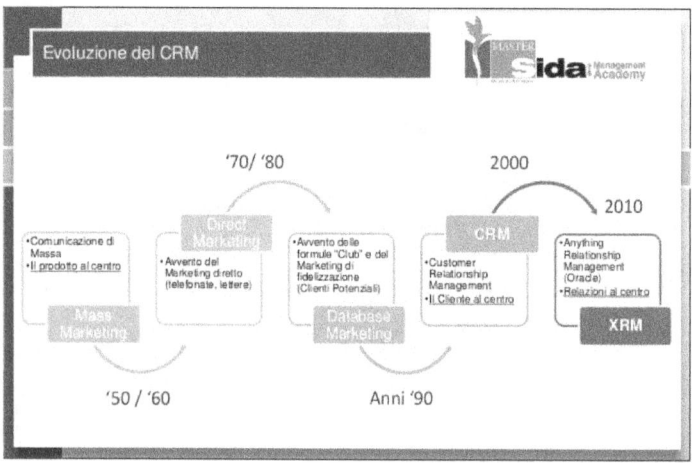

Fig. 1 Evoluzione del CRM . Fonte immagine: Michael Surace, Il ruolo dell'ICT nel Marketing.

Si arriva agli anni '90 che il marketing strategico ormai a regime con tutti gli stimoli possibili di sviluppo. E' in quel periodo che fa il suo esordio un nuovo canale di comunicazione: internet. Questo punto è la

12

svolta nelle iterazione e nelle comunicazioni tra impresa e cliente, e
quest'ultimo comincia a far sentire il proprio peso. Termina il periodo
di comunicazione verticale dell'impresa verso il mercato e il marketing
si evolve da outbound al marketing inbound (fig. 2). L'impresa cambia
strategia per seguire i bisogni del cliente e nasce il marketing non
convenzionale.

Anni settanta	Anni ottanta	Anni novanta	Anni duemila
Targeting	Guerra di marketing	Marketing emotivo	ROi marketing
Posizionamento	Marketing globale	Marketing esperenziale	Marketing del patrimonio di marca
Marketing strategico	Direct marketing	Etica del marketing	Marketing del valore del cliente
	Customer relatioship management	Internet, e-business marketing	Potere del consumatore
	Marketing interno		Tribalismo

Fig. 2 Evoluzione del marketing in pillole. Fonte immagine:
www.themarketingis.com

Le nuove ICT's cambiano lo scenario del marketing: In particolare nel
1992 entra la comunicazione SMS , Nel 1981 IBM introduce il primo
Personal Computer e tre anni dopo, nel 1984 la Apple lancia il
Macintoch con una campagna pubblicitaria nel super bowl. I primi
software dei pc entrano nella produzione pubblicitaria .Tra il 1995-

1997 si affermano i motori di ricerca google, yahoo, altavista e intorno al 1998 i blog entrano in azione.

Periodo di forte cambiamento caratterizzato da una forte speculazione che in seguito frenerà e cambierà lo stesso sviluppo: E' il web 2.0 a dettare le regole nell'interazione tra la rete e utente, e anche per il marketing inbound i mezzi digitale mettono in dialogo impresa e consumatore. L'azienda si afferma se punta a contenuti veritieri ed autentici per essere premiata a suon di recensioni: L'evoluzione del comportamento d'acquisto del cliente insieme alla strategia dei contenuti fanno l'Inboud.

Oggi l'attenzione si sposta sulle relazioni *"l' attenzione riposta sulle relazioni ha origini varie. Essa si basa principalmente sulle considerazioni relative allo sviluppo di forme di competizione fra reti di imprese ed è attribuibile ad alcuni che possono essere così sintetizzati:*

-la progressiva perdita di importanza degli intermediari all'interno del processo di creazione del valore (c.d processo di disintermediazione);
- lo sviluppo e l'utilizzazione considerevole dell' Information & Comunication Technology (ICT);
-lo sviluppo dell'economia dei servizi;
-la grande attenzione rivolta alla qualità totale che, con lì obiettivo di coniugare il livello di servizio con la diminuzione dei costi, ha reso imprescindibile il collegamento fra tutti gli attori della catena del valore, fino al consumatore finale;

14

-la crescente preoccupazione, da parte dei venditori, di trattenere i clienti acquisiti, più che cercarne di nuovi;

-il cambiamento nei modelli di comportamento degli acquirenti, i quali esprimono una domanda sempre più complessa (intermini di varietà e variabilità), capaci di valutare il rapporto prezzo/qualità dei prodotti offerti e sempre meno inclini a scendere a compromessi[1].

Ed è in questo clima che nasce il marketing relazionale, con l'obiettivo di gestire le relazioni più importati affinché si possa ottenere un vantaggio competitivo di lungo periodo. Vi sono tanti modi di definire il marketing relazionale :

DEFINIZIONE	FONTE
Attracting, maintaining and in multi service organizations enhancing Customer relationships.	Berry 1983
Attracting , retaining and enhancing client relationships	Berry e Gresham 1986
To establish, maintain, enhance and commercialize customer relationship ...so that the objectives of the parties involved are met. This is done by a	Gronroos 1990

---

[1] Faraci R.; Galvagno M.; Giaccone S.C.; *"La fedeltà nelle relazioni tra impresa e mercato. Fondamenti concettuali ed implicazioni manageriali"* G.Giappichelli Editore- Torino.

15

mutual exchange and fulfillment of promises	
Relationship marketing concerns attracting, developing and retaining customer relationships	Berry e Parasuraman 1991
Relationships marketing has as its concern the dual focus of getting and keeping customers	Christopher et al 1991
An integrated effort to identify, maintain, and build up a network with individual consumers and to continuously strengthen the network for the mutual benefit of both sides, through interactive, individualized and value-added contacts over a long period of time	Shani e Chalasani 1992
The consistent application of up to date knowledge of individual customers to product and service design which is communicated interactively in order to develop a continuous and long term relationship, which is mutually beneficial	Cram 1994
Customer centred approach whereby a firm seeks long term business relations with prospective and existing customers	Evans e laskin 1994

Understanding, explanation, and management of the ongoing collaborative business relationship between suppliers and customers	Sheth 1994
All marketing activities directed toward establishing, developing and maintaining successful relational exchanges	Morgan e Hunt 1994
Relationship marketing is marketing seen as relationships network and interaction	Gummesson 1994
Relationship marketing is the ongoing process of engaging in cooperative and collaborative activities and programs with immediate and end-user customers to create or enhance mutual economic value, at reduce cost	Sheth e Parvatiyar 1995
A close long-term relationship between various participants involved in exchanging something of value	Aijo 1996
Relationship marketing is to identify and establish, maintain, and enhance relationship with customers and other stakeholders, at a profit, so that the objectives of all parties involved are met; and that this is done by a mutual exchange and fulfillment of	Gronroos 1996

promises	
The building and nurturing of long-term mutually beneficial exchange relationship that an organization has with it customers and other stakeholders	Murphy Stevens e Macleod 1997
The ongoing process of engaging in cooperative and collaborative activities and programs immediate and end-user customers to create or enhance mutual economic value at reduced cost.[2]	Parvatiyar e Sheth 2000

Tutte queste definizioni mostrano come intorno agli anni ' 90 si sia verificato un sostanziale cambiamento relativamente all'obiettivo, e quindi mentre prima si puntava all'accrescimento della posizione di mercato volta al raggiungimento di quella desiderata, in seguito diventa la soddisfazione e la fidelizzazione del cliente. Si passa da una logica di marketing Product-oriented ad una Customer-oriented, nella quale la variabile Cliente è al centro delle decisioni. Infatti le aziende hanno iniziato a chiedersi chi sia il cliente e che cosa egli si aspetti dai loro prodotti e servizi e, conseguentemente, hanno riorientato la

---

[2] Faraci R; Galvagno M; Giaccone S.C.; La fedeltà nelle relazioni tra impresa e mercato. Fondamenti concettuali ed implicazioni manageriali.G Giappichelli- Torino.

progettazione e la produzione. Quindi se un tempo l'obiettivo era la quantità oggi diventa la qualità.

Tale inversione di obiettivi si riflette anche e soprattutto nella struttura e nel processo produttivo aziendale: si passa da una metodo a spinta (sistema push) ad un metodo a trazione (sistema pull). Nel metodo a spinta si produce per il magazzino, in grandi lotti, in maniera omogenea e con difettosità accettabile

Invece nel metodo a trazione si produce per il mercato, in piccoli lotti, in maniera differenziata e con difettosità zero. Si modifica sia l'organizzazione aziendali sia tutte le variabili aziendali: La promozione diventa personalizzata anziché di massa, i nuovi prodotti vengono realizzati secondo le direttive del cliente e non più dell'azienda, i parametri di controllo sull'andamento dell'attività d'impresa prima si basavano sulle quote di mercato e di conseguenza sul profitto ora sulla continuità e valore delle relazioni, la strategia che una volta aveva come primario obiettivo di vendere ai principali segmenti di clientela ora diventa l' aggiungere valore al rapporto con i singoli clienti attraverso interazioni personalizzate, i valori aziendali si sono specializzati prima erano basati semplicemente sul corretto servizio verso i clienti ora sulla differenziazione e personalizzazione del servizio ai clienti. Ed infine anche i sistemi di supporti che prima rappresentavano decisioni dettagliati e segmentati ma relativamente statici mentre ora vi sono sistemi di gestione e strumenti di supporto al marketing estesi, dinamici e flessibili. Collegamenti operativi a sostegno delle azioni della front-line.

Approccio manageriale	Area di transizione	Approccio relazionale
Il consumatore esercita opzioni exit e viene considerato in quanto gruppo(target segmentato)	Il consumatore esercita opzioni di exit ma viene studiato in profondità attraverso il sistema informativo di marketing.	Il consumatore esercita opzione voice e viene considerato in quanto singolo, nella sua individualità
L'impresa è un fornitore di prodotti, disponibili in portafoglio più o meno ampi. È cruciale il settore di appartenenza, che definisce anche l'utilizzo degli strumenti più appropriati	L'impresa è un interprete dei bisogni del mercato, in grado di fornire un'ampia gamma di beni e servizi. Perde di importanza il riferimento settoriale e il confine tra bene e servizio.	L'impresa è un fornitore di risposte e soluzioni alle richieste specifiche del cliente. Ciò che non può essere offerto direttamente viene ricercato nei partner.
Il prodotto è essenzialmente dato. Al marketing mix viene dato il compito di avvicinarlo ai	Il prodotto è progettato in funzione delle preferenze dei cliente anche nelle sue	Il prodotto è co-progettato da azienda e cliente. Aumenta la conoscenza creativa dei bisogni del cliente.

bisogni del consumatore.	componenti funzionali.	
L'obiettivo delle azioni di mercato consiste nella crescita delle vendite. Si cercano transazioni ripetute attraverso il marketing mix.	Viene dato molto peso alla misurazione della custode satisfaction, da cui dipende la continuazione del rapporto con il cliente.	L'obiettivo delle azioni di mercato consiste nella creazione di relazioni durevoli con i clienti, che dipendono dalla fiducia che l'impresa è riuscita a generare.
L'ambiente esterno è oggettivo e le diverse organizzazioni della filiera produttiva operano per la massimizzazione della propria utilità.	Si identificano interlocutori rilevanti ai fini dell'assunzione delle decisioni di marketing. Si realizzano numerose partnership strategiche e commerciali.	L'ambiente esterno è soggettivo. Prevale una dimensione olistica in cui diversi soggetti operano come sistema generatore di valore.
Il marketing è un'attività funzionale dai confini ben definiti, anche se può assumere un livello	Il marketing è un'attività interfunzionale. Gestisce il patrimonio informativo e come tale ha rilevanza	Il marketing perde parte del proprio specialismo e diviene attività diffusa. Ogni decisione d'impresa è una decisione di

strategico. Le decisioni di marketing hanno una rilevanza solo a livello commerciale e promozionale.	strategica. Le decisioni di marketing coinvolgono in larga misura la gestione d'impresa.	marketing perché coinvolge il sistema delle relazioni di scambio.
Il sistema produttivo presenta un elevato grado di rigidità	Il sistema produttivo deve essere flessibile	Il sistema produttivo deve essere basato sulla masscustomization.
La struttura organizzativa ha una forma divisionale e/o funzionale. L'ambiente esterno è un elemento oggettivo su cui fondare le strategie	La struttura organizzativa assume forme più flessibili e compartecipative. Iniziano ad essere rilevanti gli stakeholder ambientali.	L'azienda è una rete al proprio interno ed è inserita a sua volta in un network di relazioni.

Fonte:Umberto Martini, "Marketing relazionale e nuove modalità di generazione del valore per il cliente", in Sinergie, N 51/2000.

Con questi cambiamenti e grazie anche alle nuove tecnologie, si è riusciti a soddisfare le esigenze individuali del consumatore. "*In questo modo le imprese entrano nell'area della mass customization, nella quale il prodotto non esiste fintantoché il consumatore non abbia specificato le sue aspettative e i suoi desideri, divenendo un co-produttore. In questa situazione il marketing modifica il proprio ruolo, muovendosi verso una dimensione relazionale, nella quale la cosa più importante non è vendere e promuovere i beni prodotti, ma gestire il ciclo di vita della relazione con ogni cliente, al fine di costruire scambi durevoli, basati sulla fiducia e reciprocamente soddisfacenti[3]".*

[3] Umberto Martini, "marketing relazionale e nuove modalità di generazione del valore per il cliente", in Sinergie
n 51/200

1.2 Il marketing relazionale e le sue applicazioni

Il marketing relazionale a differenza del transazionale si basa sulla capacità dell'impresa di saper realizzare una relazione stabile ed a lungo termine con la clientela e gli altri stakeholder (fig.3).

Approcci di marketing a confronto

		Marketing relazionale
Singola transazione gestione del brand	Focus	Transazioni ongoing Gestione del cliente
Breve periodo	Ottica temporale	Lungo periodo
Comunicazione di massa	Comunicazione	Comunicazione personalizzata
Ricerche di mercato isolate	Feedback	Dialogo ongoing
Mercato di massa o segmentazione	Ampiezza segmenti di mercato	Segmento costituito da un solo cliente
Quota di mercato	Criterio di successo	"Share of customers"

Fig 3. Approcci di marketing a confronto . Fonte immagine: Giovanni Ciafrè.

E' un approccio dell'organizzazione al mercato orientato al marketing (marketing oriented), che centra l'attenzione produttiva sulla soddisfazione (customer satisfaction fig. 4) e alla consequenziale fidelizzazione dei consumatori.

I vantaggi della customer satisfaction

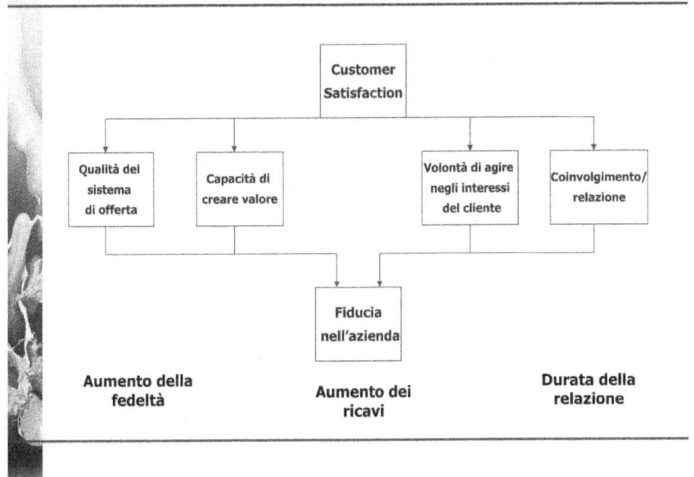

Fig4. I vantaggi della customer satisfaction. Fonte immagine: Eleonora Ploncher.

Suppone che si conoscano in primo luogo i bisogni, i desideri le aspettative del cliente ed abbia grande attitudine ai rapidi adattamenti in funzione dei comportamenti del consumatore.

Il CRM (Customer Relationship Management fig.5) è la piattaforma su cui

Fig. 5 Customer Relationship Management. Fonte imagine www.bluedigital.ma

poggia il marketing relazionale. Impiegando applicazioni e procedure per gestire le relazioni con i consumatori ,in funzione dei risultati ottenuti dalle analisi dei dati che su di essi sono stati raccolti permette alle aziende di individuare e gestire i profili dei clienti acquisiti e potenziali, così da potenziare attività e strategie che aiutino a catturare nuovi clienti e che massimizzino i profitti sui clienti fedeli, cercando di comprenderne bisogni e aspettative, garantendo al contempo un elevato livello di customer satisfaction.

Il marketing relazionale può essere applicato seguendo una strategia suddivisa nelle seguenti fasi:

-identificazione della propria clientela da parte dell'azienda, attraverso un sistema informatizzato di dati;
- la differenziazione dei cliente, in base al loro valore economico attuale e potenziale;
- interazione con i clienti, allo scopo di raffinare le informazioni in possesso dell'azienda o farne emergere i bisogni latenti;
- personalizzare l'offerta, fase destinata a consegnare valore a quei clienti che presentano livelli di consumi e redditività importanti per l'azienda e che occorre fidelizzare in maniera forte per farne i portavoce sul mercato della capacità di servizio dell'impresa.

Analizziamo singolarmente fasi sopra indicate, cercando di capire quali sono le loro caratteristiche, difficoltà e modalità di attuazione.

Per la prima fase e cioè l'identificazione della clientela, è necessario un immagazzinamento dei dati anagrafici e reddituali del cliente. A tal fine le imprese hanno iniziato ad adottare negli ultimi anni strumenti di promozione elettronica, quali la fidelity card, attraverso le quali si possono ottenere informazioni e [...] *segmentare la clientela per ammontare di spesa annuo, per frequenza di visita, per fedeltà nel tempo, per paniere di spesa e in base a variabili socio demografiche ecc; ma è anche possibile verificare il rapporto fra frequenza di acquisto e scontrino medio per individuare i gruppi più significativi in termini di fatturato, studiare il carrello in relazione al numero di categorie e acquistate, quantificare il peso di ognuna categoria nel tempo fino a misurare l'efficacia delle attività promozionale scendendo a livello della singola marca e gli effetti delle iniziative attivate dai concorrenti sui propri clienti fedeli.[4]"*

A monte di un programma di marketing relazionale di successo, si trova in ogni caso un database che fornisce immagini sempre più precise dei singoli clienti e delle loro abitudini d'acquisto: proprio grazie a queste informazioni è possibile raggiungere tipologie particolari di clienti con offerte studiate in modo personalizzato, sviluppando così nel lungo periodo il valore che essi rappresentano.[5]

Questa fase è fondamentale e rappresenta il punto di partenza di qualsiasi programma di marketing relazionale che l'azienda abbia intenzione di sviluppare.

Essa richiede che l'impresa investa importanti risorse in information technology. La seconda fase del processo consiste nella differenziazione dei clienti. Lo scopo di questa fase è quello di individuare i bisogni non soddisfatti e cercare di fidelizzare i clienti. La prima cosa da fare è ordinare i clienti sulla base del loro valore per

---

[4] Pozzi M. La fedeltà non ha prezzo., in largo consumo n. 12/1998
[5] Cogliati Paolo G.; Progetto cliente. Come fidelizzare il cliente con il database marketing.FrancoAngeli

l'impresa, per poi differenziarli secondo le loro necessità e indirizzare le risorse per assicurarsi la fidelizzazione dei clienti più pregiati.

E' indispensabile ordinare i clienti in base al loro valore attuale (cioè alla capacità di spesa finora espressa dai singoli clienti), e a quello potenziale (legato alle capacità di spesa e redditività che i clienti possono generare in funzione delle abilità dell'impresa di aumentare il livello di offerta e le prestazioni di servizi).

L'obiettivo di tale differenziazione è quello di identificare e conservare i clienti più pregiati, attraverso la strategia del riconoscimento, del miglioramento della qualità, dell'acquisto di fedeltà e della learning relationship (cioè l'apprendimento dei loro stili di vita attraverso la relazione che l'azienda consolida con i consumatori) e i clienti coltivabili, con l'obiettivo di farli crescere, attraverso strategie di cross selling o di innalzamento del loro valore attuale.

Una volta definito il valore del singolo cliente, il secondo obiettivo del processo di differenziazione è quello relativo all'individuazione delle esigenze dei clienti per identificarne i desideri. Questa analisi si basa sui dati che costituiscono il punto di partenza delle iniziative promozionali.

La terza fase del marketing relazionale è l'interazione con i clienti. L'obiettivo è quello di impegnare i clienti in un dialogo continuo con l'azienda per conoscere le loro esigenze particolari, senza recare loro fastidio, offrendo vantaggi reali e con l'intento di migliorare il livello di servizio. Si tratta di consolidare un processo che partendo dalla determinazione del valore strategico del cliente , ne comprenda le esigenze e le soddisfi, ma anche che ottimizzi i costi dell'interazione.

Per implementare sistemi di marketing relazionale e personalizzare l'offerta è fondamentale che le aree che costituiscono la retroguardia (la produzione e la logistica distributiva ai punti vendita) si attivino sulla base delle informazioni raccolte dalla prima linea (marketing, vendite e servizio ai clienti). L'obiettivo è quello di creare l'integrazione funzionale su produzione, prezzi, assortimenti, promozioni, spazi, ecc..

Le nuove frontiere del marketing si spingono oltre generando quello che viene definito il "marketing non convenzionale". Questa forma di relationship apre al coinvolgimento diretto dell'impresa con il cliente. Il consumatore evoluto ha nuove necessità e prospettive, l'impresa vincente tiene aperto un canale diretto di ascolto formulando le migliori strategie di marketing. Bernard Cova nel suo libro *"Il marketing tribale. Legame, comunità, autenticità come valori del Marketing Mediterraneo"*
cataloga le più importanti forme del marketing non convenzionale

- Marketing tribale:

Esamina le "tribù di consumatori", insiemi di individui eterogenei ma legati da passioni o emozioni comuni, puntando a stimolare un valore di legame già presente per un marchio o in un prodotto. A tal proposito Bernard Cova scrive: "sia si tratti di grande masse tribali o di piccoli raduni locali, i gruppi tribali hanno un aspetto ritualistico che offrono terreno fertile per operazioni di marketing" (fig.6).

Il marketing tribale e la fidelizzazione affettiva	
Fidelizzazione mediante personalizzazione	*Fidelizzazione mediante tribalizzazione*
Rapporto azienda-cliente	Comunità di riferimento
Azienda al centro della relazione	Azienda come sostegno alla relazione nella tribù
Fidelity card, contratto di fiducia	Rituali, oggetti di culto, esperienze condivise
Fedeltà cognitiva	Fedeltà affettiva

fonte: Bernard Cova *Marketing Tribale* - Il sole 24 ore

Fig. 6 Il marketing tribale e la fidelizzazione affettiva. Fonte immagine: www.themarketingis.com

- Marketing esperienziale:

marketing non convenzionale che si è sviluppato tra gli anni '80 e '90 (fig. 7). Ha come obiettivi progettare, prevedere, studiare e proporre un'esperienza quando il cliente consuma un prodotto. Queste emozioni accompagnano il cliente nella fase di decisione, acquisto e vita del prodotto e si legano al concetto di strategia branding.

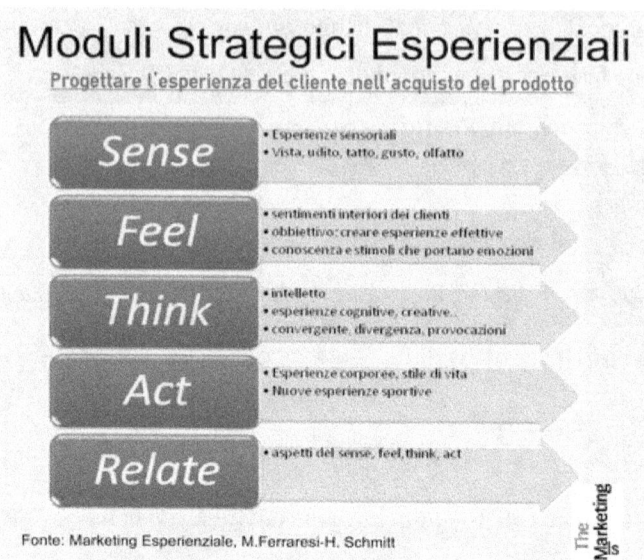

Fig. 7 Come sviluppare l'esperienza di consumo per il marketing esperienziale - B. Schmitt-M.Ferraresi. Fonte immagine: www.themarketingis.com

Si analizza la capacità del brand o del prodotto di far scoprire ai propri consumatori coinvolgenti esperienze sensoriali con l'obiettivo che il cliente scelga il brand non in base a un ragionamento razionale, ma spinto principalmente da un fattore emotivo, divenendo a sua volta promotore dei valori associati al brand.

- Autenticità e retro-marketing tribale:

Analizza il "ri-radicamento" verso legami sociali di tipo arcaico in seno a raggruppamenti che hanno sempre più i lineamenti di tribù. Bernard Cova scrive infatti:"Il marketing one to one usa la relazione come un mezzo per giungere ad uno scopo cioè arrivare all'individuo mentre il marketing di tipo tribale fa della relazione il vero scopo, e dell'emozione condivisa il mezzo per giungere a tale scopo.". Il retro-marketing tribale, si radica al concetto di temporalità e di autenticità, e cercando di mascherare i mutamenti innovativi , tende a mitigare il senso di sradicamento dell'uomo contemporaneo , puntando su un'idea di arcaica autenticità, richiamando particolari di un passato più o meno prossimo, adattandoli alle nuove esigenze di mercato dando nuova vita a quelli che vengono definiti brand cult (fig. 8).

Fig. 8 esempio di retro-marketing. Fonte immagine:
https://surfriderasturias.wordpress.com

-

- Geomarketing

Il geomarketing, con l'utilizzo della componente geografica, analizza le abitudini degli stockolder nei confronti dei soggetti economici (consumatori e imprese) rapportandole alle nozioni di spazio. La territorialità, diventa quindi elemento fondamentale per la determinazione delle scelte di marketing strategico e gestione operativa. I servizi di geomarketing forniscono importanti informazioni sulle aree di interesse dell'impresa e quanto questa sia conosciuta e radicata nel territorio, pianificare una strategia di crescita per l'attività e per capire in che luogo si potrebbero o meno fare investimenti nell'ambito pubblicitario (fig. 9).

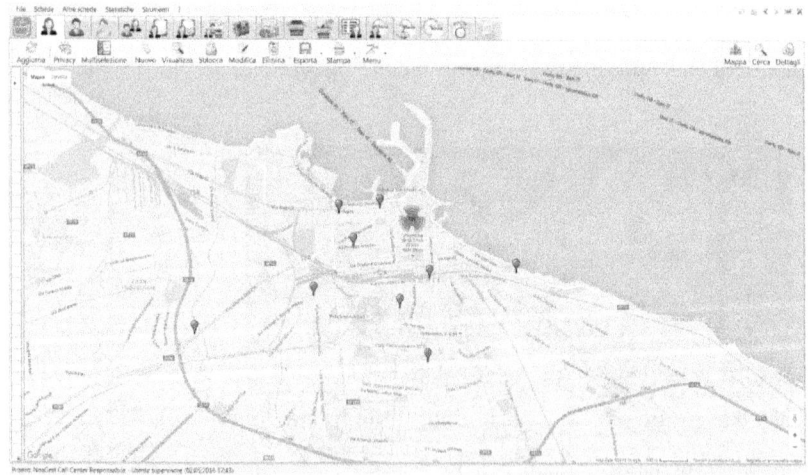

Fig. 9 Software gestionale di geomarketing. Fonte immagine: http://retail.marketing-e-gestione.it

- Marketing sensoriale

Marketing sensoriale si pone l'obiettivo di attivare una comunicazione polisensoriale con il cliente , tale da trasmettergli gli stimoli sensoriali più adatti per essere attratto dal prodotto. L' applicazione più evidente di questa nuova frontiera del marketing è rappresentata dal concept store, che diffondendosi soprattutto nelle grandi città, vengono realizzati con grande cura nella creazione di un' atmosfera complessiva che colpisce i sensi del cliente. Incoraggiando gli acquisti dei prodotti stimolando la vista, l'olfatto, il tatto, il gusto e l'udito. Il branding sensoriale crea un collegamento personale al cliente che va oltre gli schemi proposti dal marketing di massa. Arriva dove le forme pubblicitarie convenzionale non arrivano, immergendo il cliente dentro il prodotto, amplificando l'esperienza aggiungendo nel processo decisionale i sentimenti e le esperienze vissute dal consumatore. Interagendo con la sfera sensoriale e cognitive influenza il comportamento del cliente. Molto si punta sul senso della vista , creando dei prodotti che, nonostante il loro design ed il loro imballaggio vengano ulteriormente valorizzarli in un ambiente commerciale accuratamente progettato (fig.10)

Fig. 10 Allestimento natalizio delle gallerie Lafayette di Parigi. Fonte immagine: www.dreamstime.com

Capitolo II

Tecniche di fidelizzazione: pro e contro

2.1 La fidelizzazione

Anche se non si può fare a meno di acquisire nuovi clienti, mantenere quelli vecchi è sicuramente meno dispendioso (fig .11). Un premio Nobel per l'economia ha affermato che acquisire un nuovo cliente costa 12 volte di più che mantenerne uno vecchio. Ciò comporta che anche la perdita di un solo consumatore genera un effettivo rischio per il profitto e che la soddisfazione dei clienti acquisiti, più ancora dell'acquisizione di nuovi, è cruciale per il futuro di qualunque azienda.

Prendendo in considerazione il pensiero di Pareto, la regola del 20/80, secondo la quale il 20 per cento circa dei consumatori è responsabile per l'80 per cento del volume delle vendite e dei profitti, si può trarre come conclusione che solo una stretta cerchia di clienti è responsabile della gran parte del fatturato . In effetti l'azienda dovrebbe prima di tutto acquisire il cliente e in seguito cercare di aumentare il fatturato per ogni singolo cliente creando con ognuno uno stretto legame al fine di fidelizzarlo. Tale legame deve però essere mantenuto nel tempo attraverso azioni di marketing atti a prevenire i bisogni del singolo cliente, in modo tale da trovare le giuste soluzioni ai loro problemi e cercando di ottenerne l'adeguata soddisfazione.

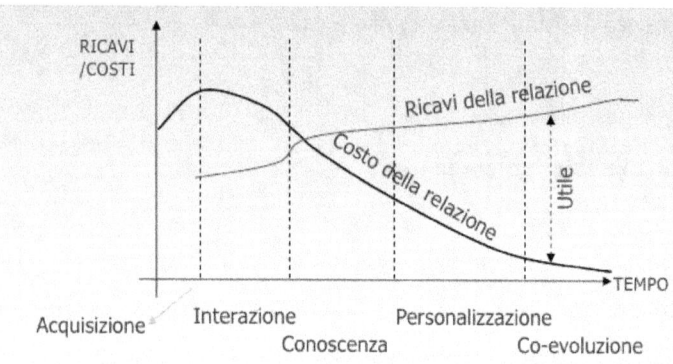

Fig.11 Driver dell' LTV e impatto sul valore d' impresa. Fonte immagine: Giovanni Ciafrè.

Per fare ciò è necessario che l'azienda abbia una conoscenza appropriata di ogni singolo cliente e che istauri con lui un rapporto personale ed unico basato sulla conoscenza e sulla fiducia. I comportamenti d'acquisto dei clienti sono diversi l'uno dall'altro e soprattutto sono influenzati da tantissime variabili. Di queste variabili possiamo distinguerne alcune che sfuggono dal controllo dell'azienda ed altre invece che sono la chiave per ottenere la "fedeltà". Le prime riguardano i continui cambiamenti demografici, quelli relativi al modo di pensare e di agire dei consumatori, le trasformazioni dei media e degli scenari di vendita, l'abbondanza delle scelte, la disponibilità di informazioni, da varie fonti: riviste, volantini, internet, televisione e radio ; la titolarità dei diritti, basti pensare a tutti gli organi a tutela del consumatore, l'instabilità economica. Mentre le altre variabili sono quelle sulle quali l'azienda dovrebbe concentrarsi per ottenere la fedeltà quali la qualità del prodotto, il prezzo, la differenziazione, la tecnologia più innovativa, la pubblicità, il personale, i vari canali distributivi, i privilegi e premi che si possono ottenere. È importante quindi studiare il comportamento dei clienti. Sasser e Jones distinguono i comportamenti dei clienti in quattro tipologie: fedele, disertore, mercenario, ostaggio.

	Soddisfazione	Fedeltà	Comportamento
Fedele(apostolo)	Alta	Alta	Stabile e di supporto
Disertore (terrorista)	Medio-bassa	Medio-bassa	In fuga ed infelice
Mercenario	Alta	Medio-bassa	Va e viene poco interessato
Ostaggio	Medio-bassa	Alta	intrappolato

Fonte: Cavallone M., *Oltre la fidelizzazione. Il marketing nell'era della complessità*, Franco Angeli, Milano, 2000

Sembra però descrivere meglio l'effettivo comportamento del cliente la teoria della fedeltà "multipla", secondo la quale i clienti sono portati ad acquistare una schiera di marche e comprarle secondo una certa percentuale. Le cause della fedeltà multipla possono essere diverse e possono essere determinate dalla ricerca di varietà dalle offerte speciali di prezzo ma soprattutto dalla differenziazione minima dei prodotti. Le aziende devono necessariamente differenziarsi dagli altri, ma la diversificazione deve essere tale da risultare significativa per il cliente, cioè deve creare un valore aggiuntivo per il cliente. Per fare ciò le imprese prima di tutto devono reperire più informazioni possibili dai clienti, successivamente studiarle ed elaborarle e grazie ai dati ottenuti individuare ciò che per loro può fare la differenza, quindi a stabilire la discriminante che li spinge a preferire il nostro prodotto anziché quello della concorrenza. Questo accade perché i clienti non sono fedeli al marchio che indica i prodotti migliori, ma ai venditori che fanno l'uso più intelligente delle informazioni sui clienti stessi.

Analizziamo le varie fasi e gli strumenti che servono per raggiungere la fidelizzazione:

1. Ottenere più informazioni possibili dal cliente (fig.12) E' importante reperire informazioni sulle caratteristiche socio-demografiche e psicografiche (interessi, attitudini, stili di vita ecc.) del cliente, sulle abitudini di acquisto. Tali informazioni

possono essere ottenute attraverso varie fasi dell'attività aziendale, e cioè tramite un contatto indiretto attraverso: promozioni, questionari, e-mail, rilevazioni ottenute tramite i dati acquisiti dalle carte fedeltà. Un altro metodo è invece il contatto diretto che si sviluppa con l'ausilio degli addetti alle vendite e tramite le visite presso i rivenditori. Le informazioni devono essere affidabili ed aggiornate costantemente.

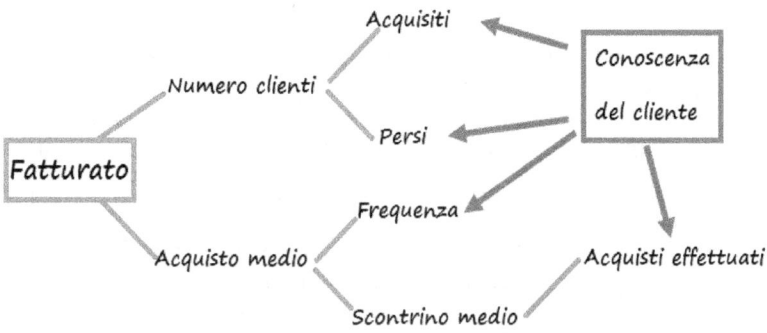

Fig. 12 Informazioni necessarie per la conoscenza cliente.

2. Una volta archiviate tutte queste informazioni è importante che vengano elaborate in maniera corretta. Oggi è diventato molto più facile elaborare i dati grazie alla tecnologia e alla facilità d'utilizzo. Uno degli strumenti più utilizzati è il database, uno strumento di supporto delle decisioni. [...].*da utilizzare per migliorare i risultati delle tradizionali attività di marketing grazie all'uso efficiente di*

tutte le informazioni disponibili sui clienti e sul mercato.[...]
permette all'utente di esplorare i dati ed avere risposte non
programmate in anticipo, di essere in facile e costante
aggiornamento e di fornire elaborazioni complesse in tempi stretti[6].

3. Con il database marketing (fig.13) si può ottenere un quadro
   dettagliato del mercato, che ci permette di rispondere a quesiti
   importanti come: quanti sono e chi sono i maggiori clienti; qual è il
   loro comportamento d'acquisto e quali sono le loro caratteristiche;
   come identificare pienamente ogni esigenza del cliente e sfruttare
   al massimo il suo potenziale; a quali iniziative è più sensibile e
   come si può influenzare il suo comportamento d'acquisto; come
   prevedere i futuri sviluppi di ogni cliente e le sue future necessità
   di prodotto e di rapporto commerciale. Quindi con tutte queste
   informazioni l'azienda può decidere quale tecniche utilizzare per
   fidelizzare il cliente.

---

[6] Cogliati P.G., *Progetto cliente. Come fidelizzare il cliente con il database marketing.*,FrancoAngeli., 2004

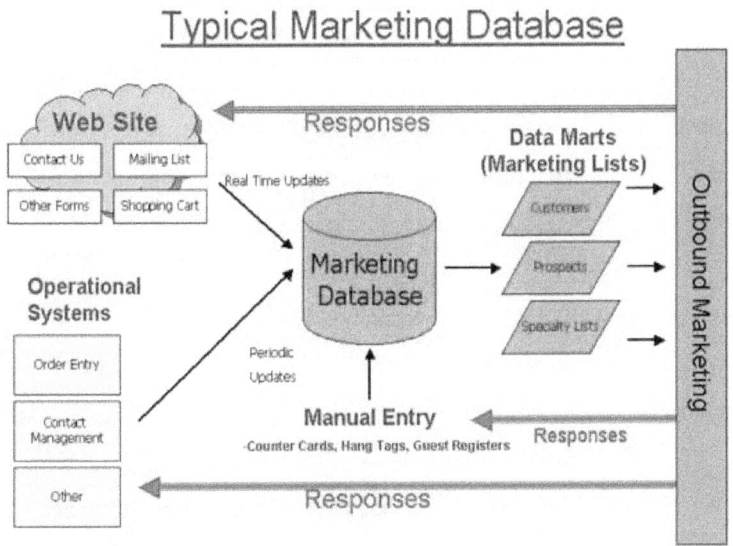

Fig. 13 Esempio di architettura del database marketing. Fonte immagine: www.itsallgoodwebdesign.com

2.2 Tecniche di fidelizzazione: Programmi fedeltà

Negli ultimi dieci anni il fenomeno dei programmi fedeltà ha stimolato le insegne commerciali a sviluppare meccanismi di riconoscimento e ricompensa dei clienti fedeli, attraverso incentivi, privilegi e premi di vario tipo. Grazie ai programmi fedeltà le aziende riescono a reperire dati molto completi ed a raggiungere una base di

43

clientela vasta, arrivando a percentuali di penetrazione della clientela, in alcuni casi all'80-90 per cento.

Le tecniche di fidelizzazione sono molto diffuse e variegate, ma ognuna di esse presenta delle discriminanti sia positive che negative. Spetta all'azienda, tenendo conto dei proprio obiettivi di mercato e dei desideri dei propri clienti, decidere quale di queste utilizzare.

Analizziamo una ad una le varie tecniche:

Carta fedeltà:

Se aprissimo il nostro portafoglio troveremmo sicuramente almeno tre carte fedeltà di supermercati diversi. Questo perché il fenomeno si è diffuso a macchia d'olio. Non c'è un punto vendita che non rilasci una carta fedeltà, anzi addirittura ve ne sono alcuni che ne hanno di tipologie diverse all'interno di uno stesso punto vendita.

Sono gli americani ad introdurre per primi la fidelity card negli anni ottanta con lo scopo di sostituire i buoni sconti cartacei alquanto elaborati da gestire e soggetti al rischio di frode. Per pochi anni i dati registrati con la carta venivano cestinati, solo successivamente ci si è accorti che questi dati potevano essere molto preziosi. Anzi oggi sono la fonte principale per ottenere informazioni di valore sul cliente, e costituiscono l'aspetto più importante ed utile dell'utilizzo della carta. Inoltre una volta l'attenzione era rivolta al momento del lancio della carta, ed ovviamente in poche settimane si ottenevano ottimi risultati.

Ma l'effetto lancio con il tempo decade ed è invece necessario che il programma fedeltà legato alla carta rimanga attraente nel tempo. Infatti esistono tantissimi tipi di programmi distinguibili in base alla natura della ricompensa come:

- reduced loss (sconto)
- extra gain (premi, regali o privilegi)

Oppure in base al tempo di consegna della ricompensa, se immediato oppure differito nel tempo. Inoltre negli ultimi anni sono state lanciate carte fedeltà con novità per mantenere vivo il coinvolgimento del consumatore.

Nelle formule di collezionamento, per esempio grazie alla variazione della tipologia di premi. Dopo anni di predominio dei casalinghi si riscontra una crescente attenzione verso i giovani, i single, sono stati difatti introdotti come premi prodotti multimediali, per il tempo libero, per il trucco o addirittura si inserisce la possibilità di donare i punti in beneficenza per una buona causa.

Oppure nelle strategie di lancio, a seconda dell'obiettivo perseguito possiamo distinguere quattro tipi di carta fedeltà:

strategie	Obiettivo	Strumento	promozioni
I Traffic building	Accrescimento della fedeltà comportament ale dei	Carta fedeltà basic (carta promozionale)	Promozioni continuità con premi(reduc

	consumatori		ed loss/extra gain)
II Trust building selettivo	Strategie selettive di accrescimento della fiducia	Carta segmentata	Strategie promozionali ad hoc per i singoli segmenti di clienti
III Trust building accresciuto	Estensione dei servizi offerti facendo leva su fiducia ed equità percepita	Carta estesa (carta fedeltà differenziata;carta di pagamento/credito/debito)	Accesso selettivo a particolari servizi. Sviluppo di servizi finanziari
IV Value expansion	Creazione di una rete di partner in grado di generare ulteriore valore	Carte co-branded e in partnership	Network di partner Co-promotion Comunità di consumatori.

Fonte:Castaldo S, Cilio P, "Le strategie di accrescimento delle risorse fiduciarie nel retailing: il ruolo della carta fedeltà, *in Industria & Distribuzione,* n 1/2001

La carta fedeltà contribuisce sicuramente a stabilire un rapporto dinamico e continuativo tra l'azienda e il proprio target di riferimento, serve come forte supporto operativo nella gestione delle relazioni con i clienti, cerca di stabilire il contatto diretto con il cliente e di mettere a sua disposizione il proprio patrimonio di conoscenze. Attraverso i dati della fidelity card si è in grado di personalizzare la propria offerta ai consumatori utilizzando le conoscenze accumulate in merito ai comportamenti di acquisto e consumo, più efficace allocazione delle risorse disponibili tra le varie iniziative promozionali, permette l'incrocio di informazione di carattere socio-demografiche con i dati relativi al comportamento d'acquisto, all'entità dello scontrino e alla composizione del paniere di spesa per formulare un'offerta ad hoc per i clienti migliori, è in grado di offrire notevoli possibilità di sviluppo del patrimonio di risorse immateriali, permette la connessione con la domanda, può essere utilizzata per veicolare operazioni promozionali di tipo continuativo volte ad accrescere la dimensione comportamentale della fedeltà e anche per attivare e sviluppare la fiducia del cliente. Il miglioramento dell'offerta commerciale e la personalizzazione del rapporto di vendita.

I maggiori motivi di insoddisfazione riguardano l'imitazione e la mancanza di differenziazione. *Infatti da subito è scattata la sindrome fotocopia. Quando i consumatori possono scegliere fra diverse carte* *hanno la tendenza a non sceglierne, e a utilizzarle tutte[7].*Inoltre la carta fedeltà da sola serve solo ad iniziare una relazione con il cliente ma senza un programma fedeltà adeguato e senza l'attività dei retailer volte a sfruttare le opportunità emergenti non si riuscirebbe a consolidare l'immagine stessa della carta e la fedeltà della clientela allo strumento. Un'altra critica rivolta all'utilizzo delle carte fedeltà riguarda i dati raccolti; *tra coloro che hanno abbandonato la carta potrebbero nascondersi i migliori clienti, ma non lo sappiamo perché non vediamo il loro comportamento d'acquisto. La loro store loyalty potrebbe essere elevatissima, ma poiché non sono card loyalty non siamo in grado di riconoscerli ed eventualmente di ricompensarli della fiducia che ci accordano.[8]* Infine i costi sostenuti per lanciare una carta fedeltà potrebbero risultare maggiori rispetto ai benefici ottenuti, questo anche perché a causa della sindrome fotocopia è necessario che si introducano sempre novità per differenziare la propria carta da quella dei concorrenti.

Internet:

Oggi internet è una realtà che non può essere sottovalutata né trascurata dalle aziende. Infatti contando tantissimi utenti è in continua crescita. Questo perché si è trasformato da strumento elitario complesso e costoso, ad uno strumento facile economico e necessario

---

7 Higgins K., " Carte fedeltà: specie in via d'estinzione?", in Largo Consumo, n 7-8/2000
8 Mauri C., " Nuova sfida nel commercio al dettaglio: sono fedeli i consumatori... alle carte fedeltà?", in Economia & Management, n. 5/2003

per tutti. In particolare gli strumenti utilizzati per il clienteling sono i siti web e la posta elettronica.

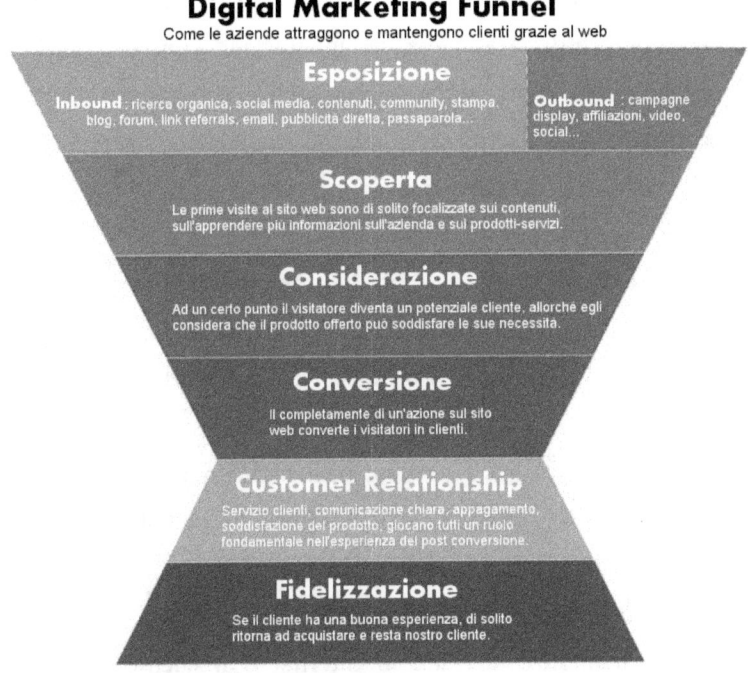

Fig. 14 Digital Marketing Funnel. Fonte : www.netcoadv.it

I siti web possono essere utilizzati per varie finalità o come comunicazione di massa, cioè per mettere a disposizione informazioni uguali per tutti, oppure per dare la possibilità al cliente di mettersi in contatto con l'azienda, in questo caso gli utenti possono richiedere all'azienda sia informazioni che assistenza. Oppure il sito web viene utilizzato con lo specifico fine di creare una relazione personale con l'utente (fig. 14), infatti attraverso la registrazione online gli utenti vengono identificati e seguiti nel tempo. In quest'ultimo caso il sito web può essere utilizzato come strumento per l'implementazione dei programmi fedeltà attraverso la forma della raccolta punti elettronici, o le carte fedeltà elettroniche, o infine il commercio elettronico. Vi sono anche retails che esistono solo virtualmente e quindi il sito ha un ruolo centrale ed è l'unico strumento di legame ed interazione con il cliente. I vantaggi di implementare un sito internet indubbiamente sono tanti : i bassi costi, la possibilità di raggiungere tantissimi utenti, l'interattività con l'utente, e la personalizzazione della comunicazione.

Però vi sono anche degli aspetti negativi. Il sito web è, nel mercato virtuale, quello che la carta fedeltà è nel mercato fisico. Infatti internet è uno strumento necessario ma non sufficiente per ottenere la fedeltà. Può essere utilizzato per ottenere le informazioni sui clienti tramite la registrazione, ma sono necessari degli incentivi per attirarlo e fidelizzarlo. Inoltre siccome in internet è il cliente che ricerca, è necessario che le aziende forniscano una motivazione per rintracciare i propri siti. Questa motivazione può essere fornita attraverso incentivi (servizi gratuiti, informazioni), oppure con i programmi fedeltà. A tal proposito l'azienda è costretta a sostenere costi per la promozione del sito e la divulgazione di eventuali offerte off line. In alcuni casi sono anche fondamentali degli intermediari della fedeltà, cioè dei siti che fungono da portali di accesso ad altri di decine di retailers appartenenti

50

a varie categorie merceologiche, accomunati dalla possibilità di accumulare punti per il medesimo programma.

La posta elettronica viene utilizzata per raggiungere il cliente e per poi potergli proporre offerte personalizzate. Inizialmente la mail viene mandata come pubblicità perciò il grado di personalizzazione è nullo ed il disturbo può essere elevato. Proprio per questo è nato il cosiddetto permission marketing cioè la richiesta dell'autorizzazione dell'utente per l'invio di posta elettronica. In questo modo invece il messaggio diventa molto personalizzato e può anche tener conto della storia del cliente. La posta elettronica è uno strumento rapido ed economico e può essere utilizzato per vari scopi retention, acquisition, migrazione di canale, vendita, educazione del cliente, ricerca di mercato, attirare un targeting molto specifico. Anche se è necessario creare una lista interna di indirizzi e-mail che può essere ottenuta o tramite un proprio sito web o con mezzi off line come il call center o il punto vendita oppure rivolgendosi a brokers che raccolgono indirizzi e-mail distinguendoli in segmenti socio-demografici, per stili di vita e prodotti consumati. Il grande problema della posta elettronica è che la maggior parte di mail pubblicità non viene nemmeno aperta e automaticamente cestinata dall'utente. Perciò è sempre necessario offrire un incentivo oppure creare inizialmente una relazione con il cliente e successivamente, per mantenere la relazione, inviare e-mail personalizzate con offerte ed informazioni.

Raccolta punti:

I punti possono essere convertiti in sconto, in premi, in buoni sconto, donati ad iniziative di beneficienza oppure utilizzati per acquisire i servizi di partner. Spesso si realizza un catalogo dove illustrare i premi, la quantità di punti necessaria per ottenerli e a volte il contributo monetario necessario per richiederli. Per realizzare la raccolta punti è necessario stabilire il valore del punto, spesa minima per ottenerlo, numero minimo di punti da accumulare prima di convertirli in sconti o premi o altro, periodo di accumulo dei punti, occasione per accumulare punti extra, possibilità di accumulare punti più velocemente, alternative di redemption dei punti. La tendenza negli ultimi anni è quella di creare coalition programmes ovvero iniziative in cui due o più retailers condividono un unico programma fedeltà, contraddistinto da un brand autonomo, i cui punti vengono accumulati dai clienti facendo acquisti presso tutte le insegne partner.

I vantaggi della raccolta punti sono: la semplicità nell' implementazione; la possibilità di sostituire gli sconti con i punti, anziché ridurre il prezzo del prodotto si possono offrire punti bonus; poter incentivare gli acquisti multipli, per esempio sull'acquisto di tre prodotti si avrà diritto a punti extra; incentivare l'acquisto di determinati prodotti, i punti si ottengono solo se si acquistano determinati prodotti; indurre ad avere la carta fedeltà sempre con sé.

Gli svantaggi sono: gli elevati costi se il valore del punto è basso, la facilità dei concorrenti di venirne a conoscenza e di conseguenza imitarlo e ancor peggio la possibilità che quest'ultimo proponga un catalogo premi simile con un numero inferiore di punti.

Telemarketing:

Il telemarketing è l'attività di marketing condotte per via telefonica attraverso i call center o contact center. Distinguiamo due tipi :

- telemarketing passivo, è il cliente che si mette in contatto con l'azienda utilizzando un numero verde o un numero nero messo a disposizione dall'azienda per ottenere informazioni, reclami, per effettuare ordini, prenotazioni, per partecipare a promozioni, concorsi;
- telemarketing attivo, è l'operatore che effettua le chiamate per promozioni, vendite, sondaggi, ricerca di nuovi clienti, aggiornamento database, solleciti, recupero crediti.

Tutti i retailers europei hanno un call center, i quali in molti casi si sono sviluppati in contact center, cioè in gestione integrata su diversi canali tra cui telefono, e-mail, fax, sms e web (fig. 15).

Fig. 15 3CLogic's Cloud Contact Center Solutions, software per la gestione inbound del call center in multi-channel communications.
Fonte immagine: www.softwareadvice.com

Il telemarketing dà la possibilità di raggiungere un determinato target attraverso una comunicazione personalizzata in poco tempo, inoltre si possono immediatamente ottenere le reazioni così che possano essere istantaneamente controllate e misurate. Però ha un costo elevato, è necessaria un'adeguata formazione del personale, infine nel caso del telemarketing in uscita può essere di grande disturbo ed essere inteso come intrusivo nella vita privata.

Sms marketing:

L'sms è l'acronimo di "short messaging service", cioè servizio d'invio di messaggi testuali verso telefoni cellulari. Attraverso questo servizio si possono inviare agli utenti vari tipi di informazione sia richieste che non. L'sms marketing può essere utilizzato sia per premiare la fedeltà con l'invio di buoni sconto o buoni punti, ricordare il saldo o la scadenza punti, sia per acquisire nuovi clienti o per incentivare quelli vecchi con messaggi di promozione. L'sms marketing viene sempre più utilizzato dalle imprese perché ha costi bassi, può essere facilmente integrato con il database clienti in modo da poter personalizzare la comunicazione ai diversi segmenti target. Inoltre il cellulare è uno strumento molto personale, sempre a portata di mano, ed offre la possibilità di raggiungere in qualsiasi momento il cliente, dando un vantaggio anche a quest'ultimo che acquisisce la possibilità di ottenere le informazioni in tempo reale. Per questo motivo i clienti sono disposti a pagare per questo servizio. Lo svantaggio dell'sms marketing è simile a quello delle e-mail, anche se solo per i messaggi mandati senza autorizzazione del cliente, il pericolo è che gli sms vengano quasi subito cancellati dopo una brevissima lettura. Il pericolo però è meno diffuso rispetto alle e-mail perché la quantità di messaggi inviati dalle aziende è nettamente inferiore rispetto al bombardamento di e-mail - promozione che ogni giorno l'utente trova nella propria posta elettronica.

Direct Mail:

Consiste nell'invio di materiale pubblicitario e promozionale diretto al cliente, spedito per posta. Il materiale inviato può essere di vario genere, buoni sconto, lettere, cartoline, volantini. Gli elementi chiave per un messaggio efficace sono la personalizzazione e la chiarezza. In particolare è importante che vi sia chiarezza dei contenuti, comprensibilità delle informazioni, riconoscibilità del mittente, offerte non "over promising" e vantaggio immediato (buoni sconto, campioni prova). Fanno parte anche del direct mail le riviste ed i cataloghi dei programmi fedeltà che spesso non vengono inviati per posta ma sono presenti nel punto vendita. Si possono realizzare vari tipologie di riviste rispetto alla segmentazione della clientela, per esempio riviste specializzate per ragazzi o per le mamme e così via. Il direct mail secondo i dati statistici è il media diretto più efficace. Poiché sono tanti i vantaggi attribuiti a questa tecnica; non è invasiva, è comoda, fornisce informazioni dettagliate sui prodotti e può contenere campioni od omaggi, è una comunicazione "one to one" (personalizzata), può essere utilizzata per lanciare nuovi prodotti e per raggiungere una determinata categoria di clienti, è efficace e si può avere un riscontro immediato. Come tutte le altre tecniche però presenta degli svantaggi. Innanzitutto i costi che possono essere elevati, soprattutto rispetto all'invio di posta elettronica. Per di più tale metodo non consente un dialogo "day by day" (giornaliero) quindi immediato, vi possono essere tanti sprechi creati dal non aggiornamento dei database, che può contenere indirizzi non più attivi ed infine può essere considerata "posta spazzatura" e quindi i tassi di lettura non sempre sono soddisfacenti.

Micromarketing alla cassa:

Consente di comunicare con il cliente attraverso messaggi diversi e proposte mirate sia durante l'acquisto (in punto vendita) sia dopo l'acquisto (alla cassa).

Tali comunicazioni possono essere effettuate utilizzando diverse tecniche, come i chioschi elettronici, i self scanners, gli stampati di buoni sconto. Per quanto riguarda i chioschi elettronici danno la possibilità ai clienti di avere vari servizi direttamente nel punto vendita. Il servizio presenta più possibilità, come quella di ricercare o ordinare prodotti, o di concedere esclusivamente ai titolari della fidelity card sia informazioni sulla carta stessa (es. saldo punti o cataloghi premi), sia sconti e servizi, considerando lo storico degli acquisti del cliente stesso. I retails che si dotano di chioschi elettronici si differenzieranno rispetto ai concorrenti e potranno influenzare le scelte d'acquisto dei cliente in tempo reale attraverso offerte mirate a scopi differenti. Per esempio offerte con l'obiettivo di fare acquistare prodotti di una determinata categoria merceologica oppure far provare prodotti nuovi e così via.

Self scanners invece sono dei terminali portatili, i quali leggendo i codici a barre dei prodotti   danno la possibilità al cliente di programmare lo scontrino ogni qual volta sceglie un prodotto e lo ripone nel carrello. Se questo servizio viene valutato dal cliente come un valore aggiuntivo può conferire al retails che lo offre una differenziazione rispetto ai concorrenti.

Infine abbiamo gli stampati di buoni sconto, istallati direttamente alla cassa, i quali producono coupons che il cliente potrà utilizzare già dalla visita successiva. Gli stampati possono essere programmati in modo tale da erogare coupons di contenuto diverso, poiché possono o tener conto solo degli acquisti appena effettuati dal cliente oppure, essendo collegati al database aziendale, dello storico del cliente. I coupons personalizzati alla cassa stanno ottenendo un notevole successo perché sono uno strumento economico alla portata di tutti, hanno un' elevata efficacia, permettono la personalizzazione e la segmentazione della clientela e riescono a premiare i clienti migliori.

Capitolo III

I casi aziendali del mercato ortofrutticolo:
la mela "Melinda" e l'arancia "Rosaria"

3.1 Il mercato ortofrutticolo.

La principale area di produzione dei prodotti ortofrutticoli è l'Asia
ove si concentra più del 50% della produzione mondiale. L'Europa è al
secondo posto con una quota superiore al 20%, seguita dal Nord e
Centro America (10%), dall'Africa (8%), dall'America del Sud (7%), ed
infine dall'Oceania (1%). I principali produttori di ortaggi e frutta, per
quanto riguarda l'Europa, sono Italia, Francia e Spagna, dove   la
maggior parte della produzione frutticola si distingue per le mele che
ne costituiscono circa il 77%, concentrati in quattro paesi, Francia,
Italia, Germania e Spagna. Per quanto riguarda il nostro paese, l'Italia si
può notare come la produzione ortofrutticola sia fortemente localizzata
nelle zone del centro sud nelle quali si registra circa il 56 % della
produzione totale, concentrata in quattro regioni: Sicilia, Puglia,
Campania, Emilia Romagna. La gran parte dell'offerta di frutta fresca
(esclusi gli agrumi), è composta da mele, uva da tavola, pesche e pere.
Per ognuna di queste vi è una specializzazione regionale (fig. 16): il

pesco in Campania, l'uva da tavola in Puglia, le mele nel Trentino Alto Adige, le pere in Emilia Romagna , agrumi Sicilia e Calabria.

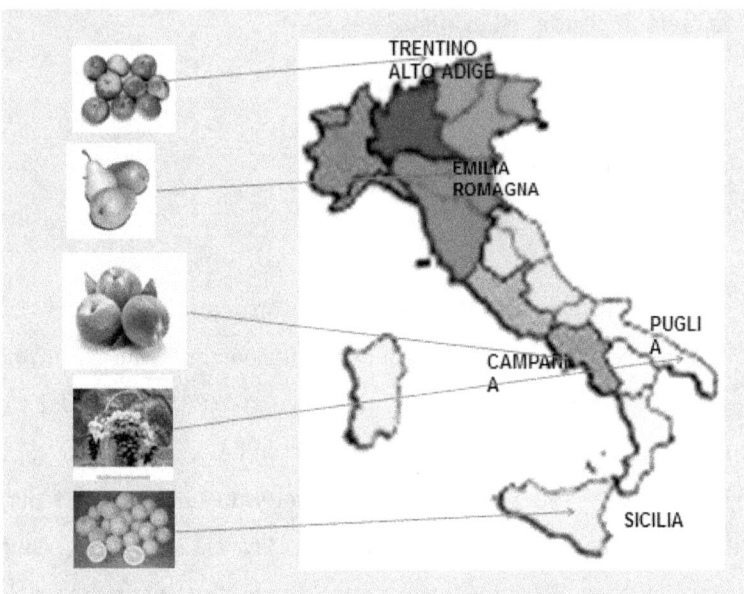

Fig. 16 Produzione frutticola nazionale. Fonte : Ismea

la Sicilia produce in alcuni settori quote rilevanti delle produzioni totali nazionali, come nel caso degli agrumi, pari al 55% e dei legumi secchi, frutta e vite (fig. 17)

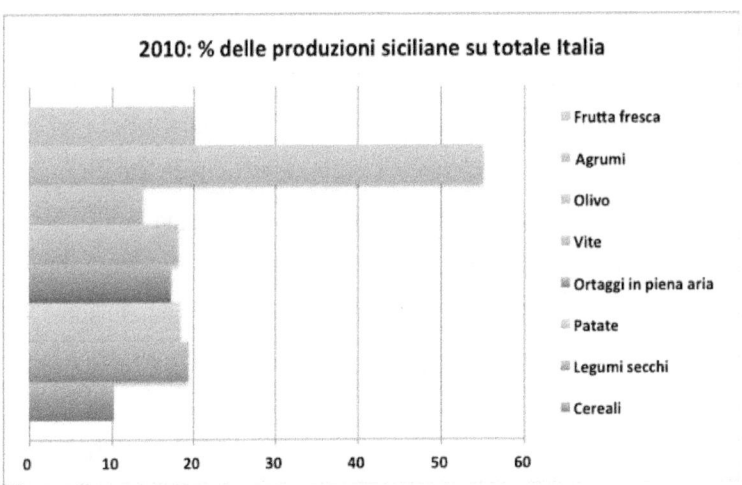

2010: % delle produzioni siciliane su totale Italia

- Frutta fresca
- Agrumi
- Olivo
- Vite
- Ortaggi in piena aria
- Patate
- Legumi secchi
- Cereali

0   10   20   30   40   50   60

Fig. 17 Produzioni siciliane 2010, dato percentuale.

Fonte: http://www.agromedquality.eu/

Nel settore frutticolo, secondo un'indagine condotta da Ismea, sotto il profilo produttivo le aziende del nord producono prevalentemente frutta senza guscio (79%), in quelle del centro vi è una distribuzione equilibrata tra produzione di frutta senza guscio (54%) e in guscio (47%), nel sud metà della produzione è costituita dalla frutta senza guscio, per il 19% dalla frutta in guscio e per il 31% dagli agrumi, invece nelle isole (principalmente la Sicilia) prevalgono le imprese del comparto agrumicolo (83%), il restante 4 % è rappresentato da produzioni di frutta in guscio. Secondo uno studio della Coldiretti sulla consistenza del settore ortofrutticolo in Italia, in Europa e nel mondo, l'Italia risulta essere leader nella produzione di frutta e verdura all'interno dell'Unione Europea, con un raccolto di quasi 30 miliardi di chili, coltivato su circa 1,3 milioni di ettari di terreno. La leadership italiana inoltre la rende primo produttore mondiale di kiwi, secondo produttore mondiale di pomodoro da industria e primo produttore comunitario di uva da tavola, kiwi, pere, pesche, nocciole, carciofi, cavolfiori, melanzane e il secondo produttore comunitario di mele, agrumi, pomodori; seconda nei consumi a livello europeo con 417 grammi al giorno per persona.

Nonostante questi dati positivi a livello Europeo, nel comparto ortofrutticolo a livello mondiale vi è stato un profonda riorganizzazione, marcata dai rapidi e continui cambiamenti dello scenario internazionale, in riferimento anche alla crescente apertura dei mercati e all'inasprimento della concorrenza. Sui mercati internazionali infatti si affermano sempre più nuove aree di produzione(fig. 18) che dimostrano notevoli capacità logistiche e organizzative. Perciò è necessario, per competere con l'apertura di nuovi mercati, differenziare la nostra produzione.

Differenziare con l'innovazione di prodotto, di processo e di servizio e con una precisa identificazione, attraverso la creazione di marchi collettivi riconoscibili. Tali da determinare nel consumatore un atteggiamento di interesse e fidelizzazione rispetto all'offerta.

Quota mondiale produzione agricola per paese nel 2009

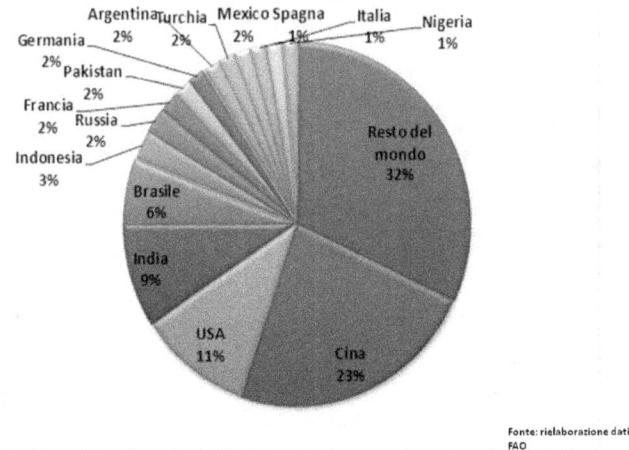

Fig. 18 Fonte :rielaborazione dati FAO

3.2 Il caso " Melinda".

Si è deciso di analizzare il caso Melinda poiché lo si è valutato uno dei casi eclatanti dell'ortofrutta, come già detto tra l'altro l'Italia è leader in Europa nella produzione di mele, insieme alla Francia, ne immettendone sul mercato circa 2 milioni di tonnellate.

Di queste un decimo hanno il bollino Melinda; l'85% degli italiani amano questo frutto e ben il 56% preferisce le Melinda.

Il marchio Melinda nasce nel 1989 per volontà di 5000 produttori riuniti in 16 cooperative, con l'obiettivo di "valorizzare" la mela della Val di Non. Oggi i soci coltivatori sono 5200 e tutti concordano con il protocollo disciplinare per la produzione integrata, che prevede una drastica riduzione dei trattamenti chimici spesso sostituiti con ritmi biologici naturali, al duplice scopo di fornire al consumatore un prodotto genuino e di rispettare l'ambiente dove il frutto nasce e cresce.

La mela "Melinda" è prodotta esclusivamente nelle Alpi in Val di Non e Val di Sole (Trentino), ed è l'unica in Italia che ha ottenuto, nel 1989, il marchio Dop (Denominazione di origine protetta). Questo è un riconoscimento prestigioso, infatti solo circa 20 produzioni tipiche di frutta fresca in Europa hanno ottenuto tale riconoscimento.

Le mele DOP Val di Non sono prodotte solo in un'area limitata, situata a nord-ovest della provincia di Trento, collocata ad un'altitudine compresa tra 450 e 900 m. e caratterizzata da condizioni climatiche e pedologiche che la rendono da sempre una delle zone più vocate al Mondo per la produzione di mele.

Melinda coltiva e seleziona cinque varietà di mele: Golden, Stark, Renetta, che sono le uniche D.O.P italiane e in più Gala e Fuji, le nuove mele di montagna (fig. 19). Ciascuna di essa ha delle caratteristiche diversa; la Golden ha la buccia gialla ed un gusto dolce e aromatico, è la preferita dagli italiani; la Stark ha la buccia rossa, ricorda la mela di Biancaneve, è la più profumata ed amata dalle donne italiane; la Renetta è la più antica, ha un colore verde ruggine ed è famosa perché ricca di antiossidanti utilissimi per la bellezza ed il benessere quotidiano; la Gala è una mela di montagna con la polpa compatta e dolce, ottima per essere centrifugata e per tali motivi anche la più amata dai bambini; la Fuji ha una polpa succosa e compatta, è la mela più resistente di tutte perciò si presta per essere portata con sé. Le mele che presentano qualche difetto ma che mantengono il gusto non vengono affrancate dal bollino Melinda bensì da quello Melasì Val di Non.

Da poco inoltre il consorzio Melinda ha lanciato nuovi prodotti come il Melinda snack, mousse e fresh, per poter soddisfare le nuove esigenze dei consumatori e le nuove tendenze del consumo alimentare. Queste vengono influenzate da tante variabili quali, i mutamenti di carattere demografico (rallentamento della natalità, invecchiamento della popolazione e riduzione dei componenti della famiglia), e i mutamenti dell'organizzazione sociale del lavoro (l'estensione della giornata lavorativa, l'aumento delle donne lavoratrici).

STARK GOLDEN RENETTA

FUJI GALA

Fig. 19 La varietà della produzione del consorzio Melinda

Da questi mutamenti scaturiscono le nuove tendenze:

- la ricerca di elevato contenuto di servizio time-saving (lettura ottica dei prezzi, piste veloci di pagamento)

- la destrutturazione dei pasti (i pasti tendono ad essere semplificati e si diffondono i pasti fuori casa, a favore di prodotti già pronti, in monodose snack ecc.)

- la rinnovata attenzione al prezzo (una maggiore razionalità nell'impiego delle risorse finanziarie)

- la maggiore attenzione agli equilibri socio-ambientali e culturali (vi è una componente ecologica cioè il consumatore è più attento all'inquinamento delle risorse materiali e ricerca prodotti biologici ed ecologici).

Per far fronte a queste nuove esigenze sono stati lanciati i tre nuovi prodotti, Melinda snack, rondelle o bastoncini di mela Golden della Val di Non sbucciate, de-torsolate, affettate ed essiccate. È un ottimo fuori pasto grazie alla confezione monodose, pratica, sana e nutriente; Melinda mousse, un dessert disponibile in undici varianti a basso apporto calorico. La confezione è una vaschetta monodose adatta per un break sfizioso sano e leggero anche fuori casa. Melinda fresh è una melinda, o una rossa fuji o una gialla golden, freschissima in confezione monodose, già lavata e pronta per essere morsa. Soddisfa l'esigenza di poter mangiare anche fuori casa una sana e dolce mela.

Infine per offrire ai propri clienti una vasta gamma di prodotti Melinda produce anche Melinda juice, aceto Melida e barretta Melinda. Il primo è un nuovo succo di mela ottenuto dalla spremitura di diverse varietà di mele più dolci e più acidule. È una bevanda dal gusto piacevole ma sana e nutriente senza aggiunta di acqua e zucchero. L'aceto melinda è ottenuto dalla fermentazione acetica del vino di mele. Ha un profumo ed un gusto notevolmente diverso rispetto agli altri aceti e questo lo rende speciale, inoltre è consigliato da notevoli dietologi perché non necessita dell'aggiunta d'olio e viene considerato come un elisir di lunga vita. Infine barretta Melinda è una barretta di frutta e cereali adatta ad ogni momento della giornata, molto gustata e disponibile in quattro varianti.

Anche questa è uno snack sano utile e facile da portare con se per consumare fuori casa.

Melinda snack

Melinda mousse

Barretta Melinda

 Melinda juice

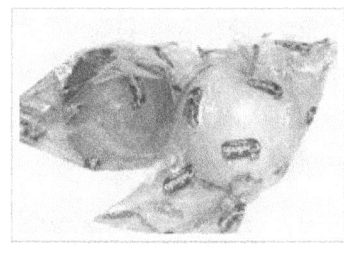 Melinda Fresh

 Aceto Melinda

Visitando il sito di Melinda si nota subito che si tratta di un sito ben organizzato, chiaro e ricco di tutte le informazioni che il consumatore desidera. La home page oltre a presentare in primo piano le cinque varietà di mela, si suddivide inizialmente in area consumatori, area business e shopping online. L'area consumatori a sua volta è divisa in MELINDA, QUALITA', MONDO MELINDA, LA VAL DI NON, BENESSERE - CUCINA e FUN.

Nella sezione MELINDA l'utente può conoscere tutti i prodotti a marchio Melinda che abbiamo elencato prima. Nella sezione QUALITA' si può conoscere la qualità che contraddistingue il marchio. Infatti Melinda è l'unica mela in Italia che ha ottenuto il marchio D.O.P, questo perché vengono rispettate delle severe norme per ottenere e quindi mantenere questo riconoscimento. Ciò rende Melinda un marchio prestigioso e di qualità agli occhi dei consumatori.

Inoltre tutti i 5200 soci frutticoltori seguono il protocollo disciplinare per la produzione integrata, che consiste in un regolamento con le linee guida per produrre mele di qualità con una drastica riduzione di trattamenti chimici affinché si possa produrre in maniera sana e rispettosa dell'ambiente. Inoltre sempre in questa sessione è possibile avere un contatto diretto con degli esperti agronomi, per rivolgere loro ogni tipo di domande e informazioni.

Nella sezione MONDO MELINDA si presentano le varie opportunità che ha il consumatore per venire in contatto direttamente con il mondo Melinda, le visite guidate, il laboratorio del gusto dedicato ai bambini, lo shopping on-line sia dei prodotti sia dei promozionali. Nella sezione VAL DI NON il sito descrive il luogo in cui le mele vengono coltivate, appunto la Val di Non, dando anche numerose informazioni sulle possibili mete turistiche. Nella sezione BENESSERE -CUCINA, si racconta un po' la storia delle mele poi si forniscono utili informazioni sulle proprietà sia nutritive che terapeutiche della mela ed infine si rimanda ad un link www.ricette.melinda.it, dove trovare tantissime ricette, i consigli del cuoco, il ricettario Melinda e molti altri suggerimenti utili. Infine nella sezione FUN è possibile giocare, scaricare sfondi e screensaver.

L'area business ovviamente è dedicata ai soci frutticoltori e per la nostra indagine non è rilevante. È interessante invece, tornando ad analizzare la Home page, sottolineare la presenza di spazi utili come la guida scientifica per saperne di più su mele e salute, tutti gli eventi proposti da Melinda, come la partecipazione al Bit 2008, alla Fruit logistica 2008, Marcialonga 2008, Ciaspolada 2008 e così via.

Da questa semplice descrizione si evince come l'azienda Melinda abbia cercato di creare un sito che possa fornire al consumatore tutte le informazioni (sui prodotti, sulla produzione, sulle qualità della mela) e tutti i servizi necessari (lo shopping online, i fun, il numero verde, la possibilità di inviare domande all'agronomo, le visite guidate, i laboratori per i più piccoli) per coinvolgerlo e farlo entrare nel "Mondo Melinda".

3.3 Le promozioni "Melinda".

 Un ruolo centrale nel sito è dedicato a "MelaVinco", un concorso a premi destinato ai consumatori finali con lo scopo di far conoscere le cinque varietà di mele Melinda e di fidelizzare il cliente. Il concorso aveva validità dall'1/12/2007 al 30/06/2008 e si articola in due fasi: nella prima fase è prevista la stampa, da parte dell'azienda, di 200.000 cartoline gratta e vinci delle quali 40 vincenti altrettante biciclette mountain bike. Tali cartoline verranno distribuite dalle hostess in occasione di fiere ed eventi ai visitatori delle stesse. Tutti i premi non assegnati verranno devoluti in beneficienza all'associazione Onlus " Un melo per la speranza". La seconda fase si svolge on-line sempre nello stesso periodo. Tutti coloro che si collegheranno al sito per tutta la durata della promozione, potranno partecipare al concorso cliccando sul banner che lo promuove. In tal modo l'utente accede alla pagina internet nella quale effettuerà l'iniziale registrazione dei propri dati personali.

In seguito quindi dopo aver ricevuto la mail con la password personale, può riaccendere al sito identificarsi ed iniziare a e giocare. Il gioco consiste nel rispondere a una semplice domanda riguardante i contenuti del pieghevole che viene distribuito presso fiere, eventi o è scaricabile via internet nel suo formato elettronico (per esempio: qual' è la mela ottima da centrifugare? O qual' è la mela con più antiossidanti ecc..). Le domande variano settimanalmente. Nel caso di risposta esatta compare sul video una slot-machine virtuale con cinque immagini, nelle quali sono riprodotte le cinque varietà diverse di Melinda, permettendo così all'utente di vincere un soggiorno di una settimana per due persone in Trentino.

L'utente può giocare una volta a settimana, prolungabile se invita amici a registrasi sul sito e giocare. Anche per questa fase i premi non assegnati verranno devoluti in beneficienza alla ONLUS "Un melo per la speranza".

L'azienda Melinda negli anni ha organizzato tanti concorsi a premi anche per i venditori al dettaglio di frutta e verdura, e programmi fedeltà. E'scaduto il 31 dicembre 2007 l'ultimo programma fedeltà che prevedeva una raccolta punti attraverso gli acquisti online. Una volta raggiunti un numero di punti era possibile richiedere i premi esposti nel catalogo.

Anche gli spot pubblicitari hanno un ruolo importante, infatti da poco è uscita la nuova campagna pubblicitaria "Il Bollino". Tale campagna è proprio incentrata sull'essenza della mela: il lavoro appassionato di 5200 famiglie. il sole di montagna e l'acqua dei ghiacciai del Trentino. Tutte queste caratteristiche hanno permesso alla mela della Val di Non di ottenere il prestigioso riconoscimento europeo DOP. Tali azioni portate avanti dall'azienda, dai concorsi a premi alla campagna pubblicitaria hanno lo scopo di creare una visione di Melinda nel consumatore di ottima qualità. Infatti il consumatore dovrà affiancare all'immagine di Melinda la qualità, il marchio DOP, il rispetto dell'ambiente e la genuinità della mele della Val di Non.

3.4 Il caso " Rosaria".

L'arancia rossa fu introdotta dagli Arabi in Sicilia nel XVI secolo. Negli anni le zone della pianura e del sud dell'Etna si sono specializzate nella coltivazione di arance pigmentate. Le caratteristiche di questo frutto derivano proprio dalla zona nella quale cresce. Infatti è nella Piana di Catania e nei territori circostanti che l'arancia Rosaria viene coltivata, ed è grazie all'escursione termica tipica di questi territori vulcanici che si determina l'accumulo nei frutti degli *antociani,* pigmenti naturali che conferiscono alla polpa e, talvolta alla buccia, il caratteristico colore rosso. Sono proprio tali componenti e caratteristiche che la distinguono, tipici del territorio etneo, che l'arancia rossa di Sicilia nel 1996 ha ottenuto il riconoscimento di prodotto Igp (Indicazione Geografica Tipica) . Il gruppo Pannitteri, che è il primo produttore di Rosaria, ha deciso di dare questo nome proprio per il forte legame con il territorio.

Fig. 20 Arancia Rosaria. Fonte immagine: www.aranciarosaria.eu

Possiamo ormai definirlo un dato certo che le arance rosse migliori provengono dalla Sicilia, ma prima d'ora nessuna aveva avuto modo di diventare così famosa. Infatti dal 2005, grazie alla forte campagna pubblicitaria portata avanti dall'azienda, tramite la carta stampata la tv e la radio, l'arancia ha acquisito questo caratteristico nome, una voce ed anche il volto di una bella ragazza, Rosaria Russo. Infatti lo spot pubblicitario edito nel 2007 "L'Irresistibile Rosaria" (fig. 20) è tutto inteso a sottolineare il valore della territorialità (dalla provocante bellezza mediterranea della protagonista al latin lover), dal caldo al profumo delle arance, e il fascino di una terra che è in grado di produrre un frutto ricco di principi nutritivi e di antiossidanti naturali. L'azienda ha investito molto sulla campagna pubblicitaria con lo scopo di distinguere il proprio prodotto in un mercato competitivo e con produzioni agrumicole provenienti da tutto il mondo.

Questi investimenti vengono premiati dalla risposta da parte del mercato che si sta traducendo in un incremento del fatturato.

Anche nel sito di Rosaria lo spot televisivo ha un ruolo centrale, infatti lo troviamo già nella home page dove è possibile visionarlo integralmente.

Il sito è suddiviso nelle sezioni:

AZIENDA, TERRITORIO, PRODOTTI, CUCINA.

Nella sezione AZIENDA, l'utente può conoscere i plus aziendali, come il sistema di controllo qualità interno redatto secondo la normativa UNI EN Iso 10005/96, la campagna pubblicitaria iniziata già da due anni, tramite stampa sulle più importanti testate giornalistiche, e da quest'anno anche attraverso uno spot televisivo, in onda sui principali canali nazionali. Infine vi è una galleria fotografia dell'azienda e degli eventi ai quali ha partecipato quali il "Berlino Fruit logistica 2008". Nella sezione TERRITORIO viene descritta la piana di Catania dove le arance vengono coltivate, vengono evidenziati i possibili itinerari turistici, le leggende ed i miti del territorio etneo. Nella sezione PRODOTTI invece viene raccontata la storia dell'arancia, le caratteristiche specifiche di quella rossa dell'Etna ed infine le sue proprietà terapeutiche, quali la protezione dalle patologie legate al cuore ed al sistema cardiovascolare, e la prevenzione contro i tumori.

Infine nella sezione CUCINA il sito propone tre tipi di menù goloso, ipocalorico e pronto.

Confrontando i due siti, quello di Melinda e di Rosaria, è possibile evidenziare delle differenze in quanto il sito di Melinda risulta costruito e strutturato in maniera più completa e complessa. Infatti presenta più sezioni, fornisce maggiori informazioni ed è interattivo. Analizziamo gli aspetti uno per volta. Il sito di Melinda si suddivide in area consumatori ed in area business e come abbiamo visto prima a loro volta queste sezioni sono segmentate in sottosezioni con lo scopo di far conoscere al consumatore tutte le fasi della produzione dei vari prodotti e soprattutto la qualità, genuinità e freschezza che distingue Melinda dalle altre mele. Le informazioni fornite non riguardano solo i prodotti e le loro caratteristiche ma tutto il sistema aziendale, vengono fornite notizie sulla salute, sugli eventi ai quali partecipa il prodotto, i concorsi e i programmi fedeltà ai quali i consumatori possono partecipare. Infine è interattivo, infatti il consumatore ha la possibilità di inviare domande ad un esperto agronomo, si può giocare e scaricare sfondi screensaver, si possono acquistare i prodotti direttamente online, registrandosi al sito, si può partecipare a concorsi e programmi fedeltà dedicati ai soli clienti virtuali.

Tenendo conto che Melinda è una azienda più grande che commercializza vari e più prodotti possiamo giustificare le molteplici funzionalità, ma le carenze principali del sito internet dell'arancia Rosaria sono la mancanza di interattività del sito e la totale assenza di concorsi o programmi fedeltà virtuali. Entrambi i suddetti fattori non solo darebbero maggiore motivazione al cliente a collegarsi al sito di Rosaria, ma potrebbero fornire attraverso la registrazione dell'utente, la possibilità di creare un database utile all'azienda stessa, utile sia ai fini di una segmentazione della clientela, sia per creare tecniche di fidelizzazione mirate. Concludendo si può evincere che il sito di Rosaria è molto semplice con poche informazioni ed incentrato sulla campagna promozionale, principalmente sullo spot televisivo che viene messo in primo piano. La spiegazione a tutto questo è rintracciabile nella differente strategia di marketing, che nel caso di Melinda spazia dalla campagna pubblicitaria ai concorsi a premi e molto altro, ed in quello di Rosaria solo sulla campagna pubblicitaria, che comunque a tutt'oggi conferisce ottimi risultati.

Bibliografia

Ambroso O, *Customer Relationship marketing. Come fidelizzare il capitale clienti*,Etas, Milano, 2001

Busacca B., Castaldo S., *Il potenziale competitivo della fedeltà alla marca e all'insegna commerciale. Una metodologia di misurazione congiunta*, Egea, Milano,1996

Cavallone M., *Oltre la fidelizzazione. Il marketing nell'era della complessità*, Franco Angeli, Milano, 2000

Cogliati P.G., *Progetto cliente. Come fidelizzare il cliente con il database marketing*.,FrancoAngeli., 2004

Di Vittorio A., *Customer relationship managemente e nuovi processi di acquisto per il consumatore turistico*., FrancoAngeli.,2007

Faraci R., Galvagno M., Giaccone S.C., *La fedeltà nelle relazioni tra impresa e mercato. Fondamenti concettuali ed implicazioni manageriali*.,G.Giappichelli editore- Torino.

Farinet A., Ploncher E., *Costumer Relationship Management*, Etas, 2002

Halberg G., *I consumatori non sono tutti uguali*, lupetti, 1999

Iasevoli G., Pratesi C. A., *Sviluppare la fedeltà ascoltando il cliente.*, Sperling & Kupfer Editori., 1997

Liswood L.A., *Il marketing della fidelizzazione. Come assicurarsi la fedeltà dei clienti*, Franco Angeli, Milano, 1994

Lugli G., Ziliani C., *Micromarketing creare valore con le informazioni di cliente,* Utet, 2004

Manaresi A., *I programmi fedeltà: creare vantaggio competitivo nel marketing dei beni di consumo*, FrancoAngeli, 2001

Mazzei R., *Brand equity: il valore della marca. Teoria e prassi dei processi valutativi*, Egea, Milano, 1999

Valdani E., Busacca B., Costabile M., *La soddisfazione del cliente. Un'indagine empirica sulle imprese italiane.*, Egea., 1994

Woolf B.: *Customer specific marketing. Il marketing della soddisfazione del cliente.*, Agra.,1996

Periodici e riviste.

Berni B., "Il ruolo strategico delle carte fedeltà", in *Largo Consumo*, n. 1/2003, pag.19

Branchi G., Motta G., " Le strategie di Customer Relationship Management", in *Sviliuppo & Organizzazione,* n. 202/2004, pp. 21-32

Carati R., " Fedeltà a caro prezzo", *in Largo Consumo*, n 4/2000, pp.118-119

Carroli C., " Lo specchio della soddisfazione ", in *Largo Consumo*, n 6/2004, pag. 11

Castaldo S., Cillio P., " Le strategie di accrescimento delle risorse fiduciarie nel retailing: il ruolo delle carte fedeltà ", in *Industria & Distribuzione*, n 1/2001, pp, 33-45

Correale G., Penco C., " Il prodotto, cioè l'offerta. Il mercato, cioè il cliente. La fedeltà, cioè il successo", in *Sistemi & Impresa*, n. 5/2002, pp. 17-28

Covassi G., " Le marche commerciali sfidano il brand", in *Largo consumo*, n. 9/2007, pp 111-115

Fumagalli G. M., " Il consumatore come professione" , *in Largo Consumo*, n 6/2001, pp 182-185

Gentile G., " Il processo di acquisto. Percezione e fidelizzazione", *in PMI*, n 7/2002, pp 21-24

Higgins K., " Carte fedeltà: specie in via d'estinzione?", in *Largo Consumo*, n 7-8/2000, pag 19

Lugli G., Ziliani C., " Dalla carta fedeltà a Internet: l'evoluzione del micro marketing", *in Micro & Macro Marketing*, n 1/2001, pp 115-142

Martini U., " Marketing relazionale e nuove modalità di generazione del valore per il cliente", in *Sinergie*, n. 51/2000, pp.3-42

Mauri C., " Nuova sfida nel commercio al dettaglio: sono fedeli i consumatori... alle carte fedeltà?", in *Economia & Management*, n. 5/2003, pp 81-98

Montoli G. A.," Fidelizzazione: una questione urgente", in *Largo Consumo*,n.11/2004 pp. 14-15

Moro P., " La fedeltà fa volare i profitti", in *Il Sole 24 ore*, 11/1/1999

Pellegrini L., "Marca e insegna: valori e ruoli", in *Cescom Working paper*, n 33/1995

Perrone V., "La fiducia è una cosa seria", in *Economia & Management*, n3/2004 pp. 5-11

Pozzi M., "Fedeltà con premio", in *Largo Consumo*, n 9/2000, pp.143-150

Pozzi M., "Il costo della fedeltà", in *Largo Consumo*, n. 4/1999, pag 89

Pozzi M., " La fedeltà non ha prezzo", in *Largo Consumo*, n 12/1998, pp. 154-161

Valli G., " Molte insidie per la fidelizzazione", *in Mark up*, 2001, pag 85

Zillani C., " I nuovi intermediari della fedeltà", in *Industria &*
Distribuzione , n. 3/2003, pp.87-90

Sitografia.

www.bluedigital.ma

www.themarketingis.com

https://surfriderasturias.wordpress.com

http://retail.marketing-e-gestione.it

www.dreamstime.com

www.softwareadvice.com

www.glossariomarketing.it

www.aism.org

www.itsallgoodwebdesign.com

www.amazon.com

www.netcoadv.it

www.aranciarosaria.it

www.agromedquality.eu

www.conad.it

www.e-coop.it

www.italiaoggi.it

www.marketing.it

www.marketingforum.it

www.marketingtrade.it

www.mark-up.it

www.melinda.it

www.netmanager.it

www.partnership4loyalty.com

www.ricette.melinda.it

www.superquinn.ie

www.telemarketing.it

www.tesco.com